Impressum
Verlag: BABADADA GmbH, Nedderfeld 112 , 22529 Hamburg
Geschäftsführer / Verlagsleitung: Harald Hof
Druck: Books on Demand GmbH, In de Tarpen 42, 22848 Norderstedt

Imprint
Publisher: BABADADA GmbH, Nedderfeld 112 , 22529 Hamburg, Germany
Managing Director / Publishing direction: Harald Hof
Print: Books on Demand GmbH, In de Tarpen 42, 22848 Norderstedt, Germany

škola

المدرسة

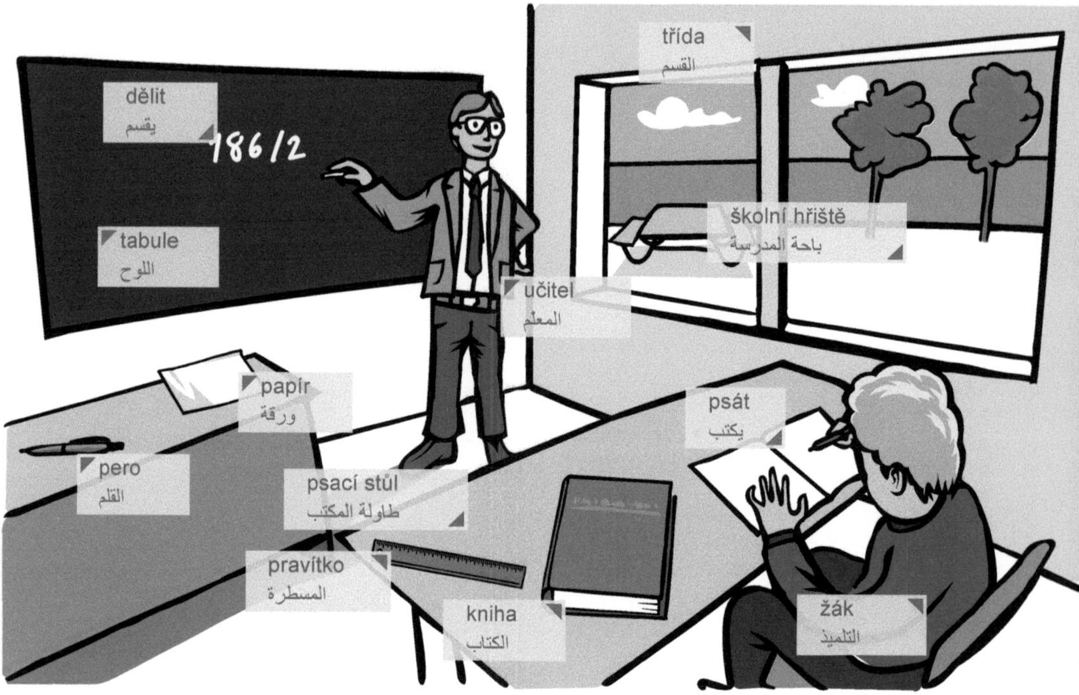

třída
القسم
dělit
يقسم
186/2
tabule
اللوح
školní hřiště
باحة المدرسة
učitel
المعلّم
papír
ورقة
psát
يكتب
pero
القلم
psací stůl
طاولة المكتب
pravítko
المسطرة
kniha
الكتاب
žák
التلميذ

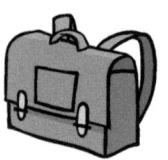

aktovka

الحقيبة المدرسية

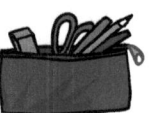

penál

المقلمة

tužka

قلم الرصاص

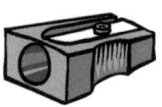

ořezávátko

البرّاية

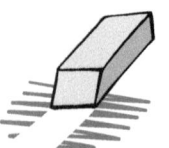

guma

المِمحاة

blok na kreslení

دفتر الرسم

výkres

الرسمة

štětec

الفرشاة

malířské potřeby

علبة التلوين

nůžky

المقص

lepidlo

المادة اللاصقة

cvičebnice

دفتر التمارين

domácí úkol

الواجب المدرسي

počet

الرقم

sčítat

يجمع

odčítat

يطرح

násobit

يضرب

počítat

يحسب

písmeno

الحرف

abeceda

الأبجدية

slovo

كلمة

text
النص

číst
يقرأ

křída
الطبشور

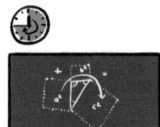

hodina
الحصة

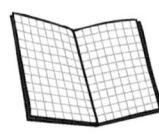

třídní kniha
دفتر الدوام المدرسي

zkouška
الامتحان

vysvědčení
شهادة

školní uniforma
اللباس المدرسي

vzdělání
التعليم

encyklopedie
الموسوعة

univerzita
الجامعة

mikroskop
المجهر

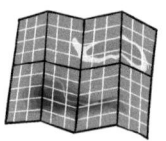

karta
الخريطة

odpadkový koš na papír
قماما

cesta
سفر

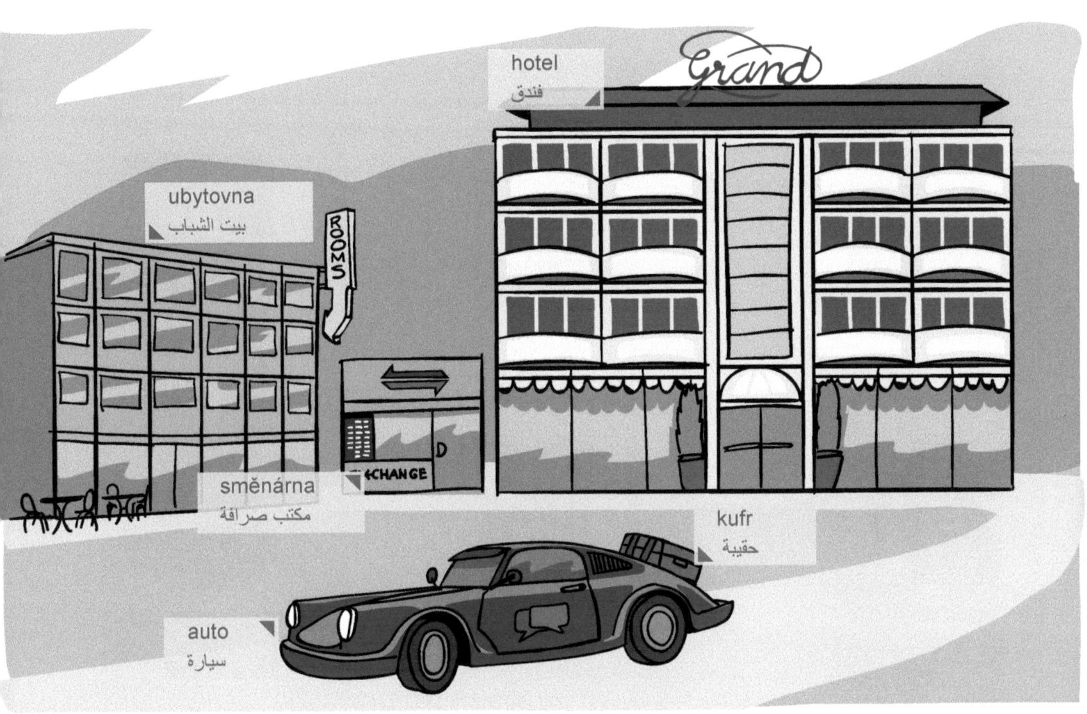
hotel
فندق
Grand
ubytovna
بيت الشباب
ROOMS
směnárna
مكتب صرافة
kufr
حقيبة
auto
سيارة

jazyk

اللغة

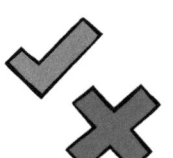

ano / ne

نعم / لا

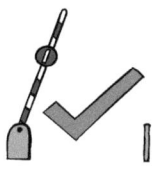

oukej

حسناً

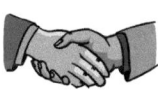

Ahoj!

مرحباً

překladatel

مترجم

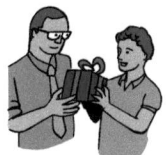

děkuji

شكراً

Kolik stojí...?

كم ثمن ... ؟

nerozumím

لا أفهم

problém

مشكلة

Dobrý večer!

مساء الخير

Dobré ráno!

صباح الخير!

Dobrou noc!

ليلة سعيدة

na shledanou

إلى اللقاء

směr

اتجاه

zavazadlo

أمتعة السفر

taška

حقيبة

batoh

حقيبة ظهر

host

ضيف

pokoj

غرفة

spací pytel

كيس للنوم

stan

خيمة

turistické informace

استعلامات سياحية

pláž

شاطئ

kreditní karta

بطاقة ائتمان

snídaně

إفطار

oběd

طعام الغداء

večeře

العشاء

jízdenka

بطاقة سفر

výtah

مصعد

poštovní známka

طابع بريدي

hranice

حدود

clo

الجمارك

poselství

سقارة

vízum

تأشيرة

pas

جواز سفر

letadlo
طائرة

loď
سفينة

hasičský vůz
سيارة إطفاء

autobus
حافلة

nákladní vůz
سيارة شاحنة

motorový člun
زورق آلي

auto
سيارة

kolo
دراجة

přívoz

přívoz

عبارة

člun

člun

قارب

motorka

motorka

دراجة نارية

policejní auto

policejní auto

سيارة شرطة

závodní auto

závodní auto

سيارة سباق

pronajaté auto

pronajaté auto

سيارة مستأجرة

sdílení aut

أسلوب تشاركي في استئجار السيارات

odtahová služba

سيارة للجر

popelářský vůz

سيارة نقل القمامة

motor

محرك

palivo

وقود

čerpací stanice

محطة وقود

dopravní značka

إشارة مرور

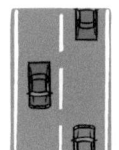

doprava

حركة السير

dopravní zácpa

ازدحام سير

parkoviště

موقف سيارات

vlakové nádraží

محطة قطار

koleje

سكك حديدية

vlak

قطار

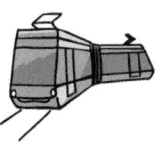

tramvaj

ترام

vagón

عربة قطار

helikoptéra

طائرة مروحية

letiště

مطار

věž

برج

pasažér

مسافر

kontejner

حاوية

kartón

علبة كرتون

trakař

عربة يد

koš

سلة

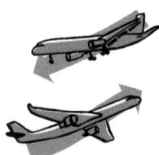

vzlétnout / přistát

يقلع / يهبط

město

مدينة

vesnice

قرية

střed města

مركز المدينة

dům

بيت

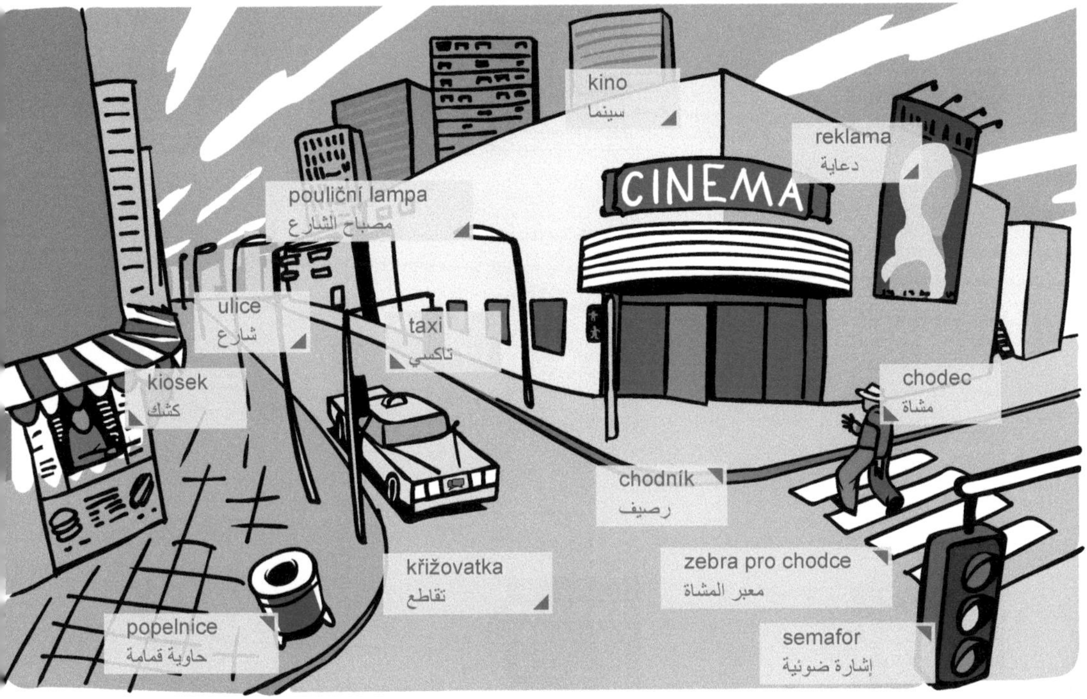
kino
سينما
CINEMA
reklama
دعاية
pouliční lampa
مصباح الشارع
ulice
شارع
taxi
تاكسي
kiosek
كشك
chodec
مشاة
chodník
رصيف
zebra pro chodce
معبر المشاة
křižovatka
تقاطع
popelnice
حاوية قمامة
semafor
إشارة ضوئية

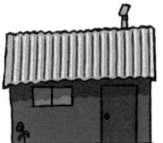

chata
كوخ

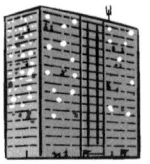

byt
شقة

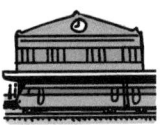

vlakové nádraží
محطة قطار

radnice
دار البلدية

MUSEUM
muzeum
متحف

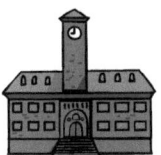

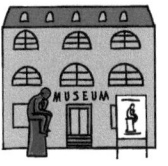

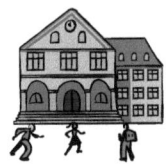

škola
المدرسة

univerzita

الجامعة

banka

مصرف

nemocnice

المستشفى

hotel

فندق

lékárna

صيدلية

kancelář

مكتب

knihkupectví

مكتبة

obchod

متجر

květinářství

محل لبيع الزهور

supermarket

سوبرماركت

tržnice

سوق

obchodní dům

متجر كبير

rybárna

تاجر السمك

nákupní centrum

مركز تسوّق

přístav

ميناء

park

حديقة عامة

lavička

مقعد

most

جسر

schody

درج، سلّم

metro

مترو

tunel

نفق

autobusová zastávka

موقف حافلات

bar

بار

restaurace

مطعم

poštovní schránka

صندوق البريد

pouliční tabule

لافتة باسم الشارع

parkovací hodiny

مقياس زمن الوقوف

zoo

حديقة حيوانات

plovárna

مسبح

mešita

مسجد

usedlost

مزرعة

znečišťování životního prostředí

تلوث البيئة

hřbitov

مقبرة

církev

كنيسة

hřiště

ملعب الأطفال

chrám

معبد

krajina
طبيعة ريفية

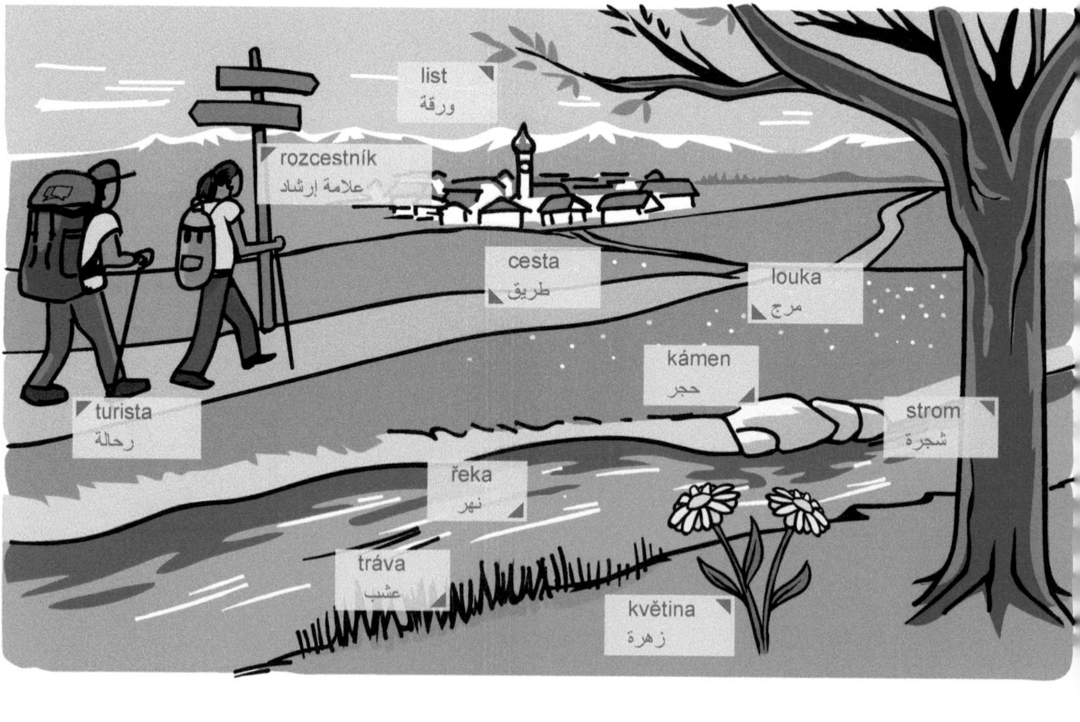

list — ورقة

rozcestník — علامة إرشاد

cesta — طريق

louka — مرج

kámen — حجر

strom — شجرة

turista — رحالة

řeka — نهر

tráva — عشب

květina — زهرة

údolí

واد

hora

جبل

jezero

بحيرة

les

غابة

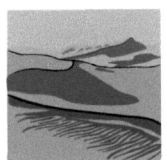

poušť

صحراء

sopka

بركان

zámek

قلعة

duha

قوس قزح

houba

فِطر

palma

نخلة

komár

بعوض

moucha

ذَبابة

mravenec

نملة

včela

نحلة

pavouk

عنكبوت

brouk

خنفساء

žába

ضفدعة

veverka

سنجاب

ježek

قنفذ

zajíc

أرنب

sova

بومة

pták

عصفور

labuť

بجعة

divoké prase

خنزير برّي

jelen

غزال

los

إلكة

přehrada

سد

větrné kolo

دولاب الطاحونة الهوائية

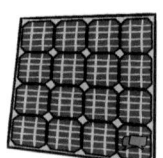

solární panel

خلية شمسية

podnebí

مناخ

restaurace

مطعم

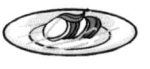

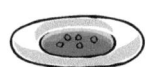

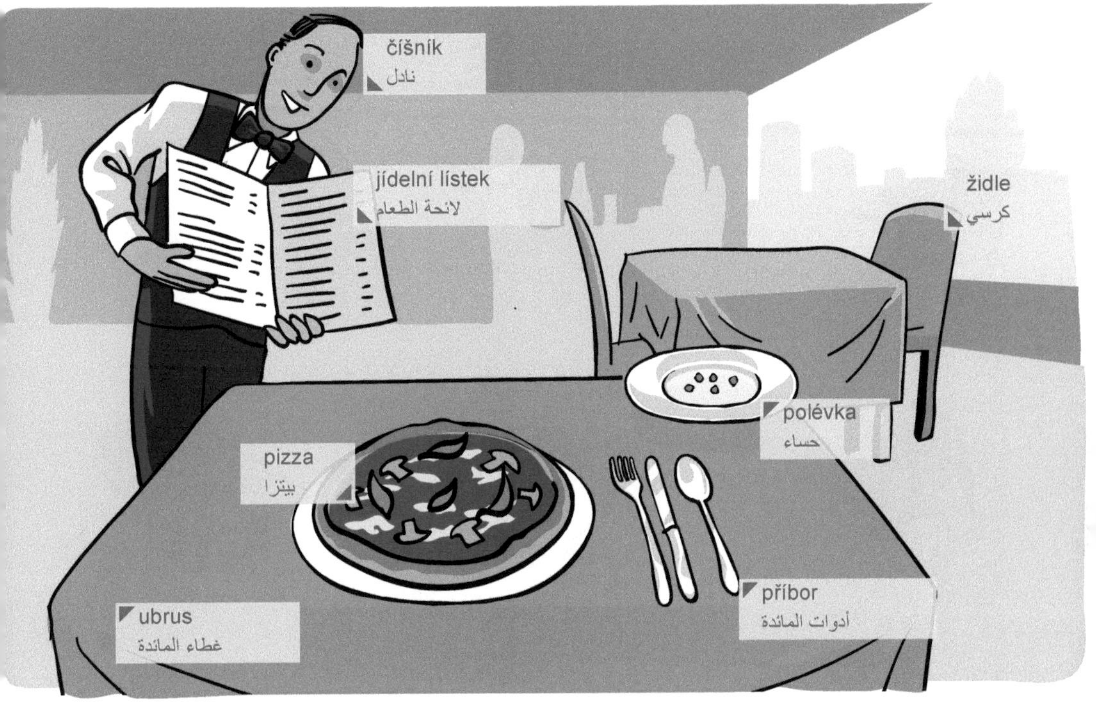
číšník
نادل
jídelní lístek
لائحة الطعام
židle
كرسي
polévka
حساء
pizza
بيتزا
příbor
أدوات المائدة
ubrus
غطاء المائدة

předkrm

مقبلات

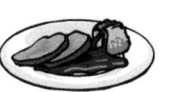

hlavní chod

الصحن الرئيسي

dezert

حلوى أو فاكهة بعد الطعام

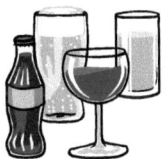

nápoje

مشروبات

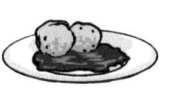

jídlo

طعام

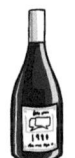

láhev

زجاجة

rychlé občerstvení

وجبات سريعة

pouliční občerstvení

طعام الشارع

čajová konvice

إبريق الشاي

cukřenka

علبة السكر

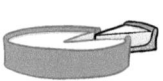

porce

حصّة

kávovar na espresso

آلة الإسبريسو

dětská stolička

كرسي عالٍ

faktura

فاتورة

tác

صينية

nůž

سكين

vidlička

شوكة

lžíce

ملعقة

čajová lyžička

ملعقة الشاي

ubrousek

منديل المائدة

sklenička

كأس

talíř

صحن

talíř na polévku

صحن الحساء

podšálek

صحن الفنجان

omáčka

صلصة

slánka

مملحة

mlýnek na pepř

مطحنة الفلفل

ocet

خلّ

olej

زيت الطعام

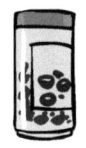

koření

توابل

kečup

كتشاب

hořčice

خردل

majonéza

مايونيز

supermarket

سوبرماركت

nabídka
عرض خاص
FOR
zákazník
زبون
mléčné výrobky
مشتقات الحليب
ovoce
فواكه
nákupní vozík
عربة تسوّق

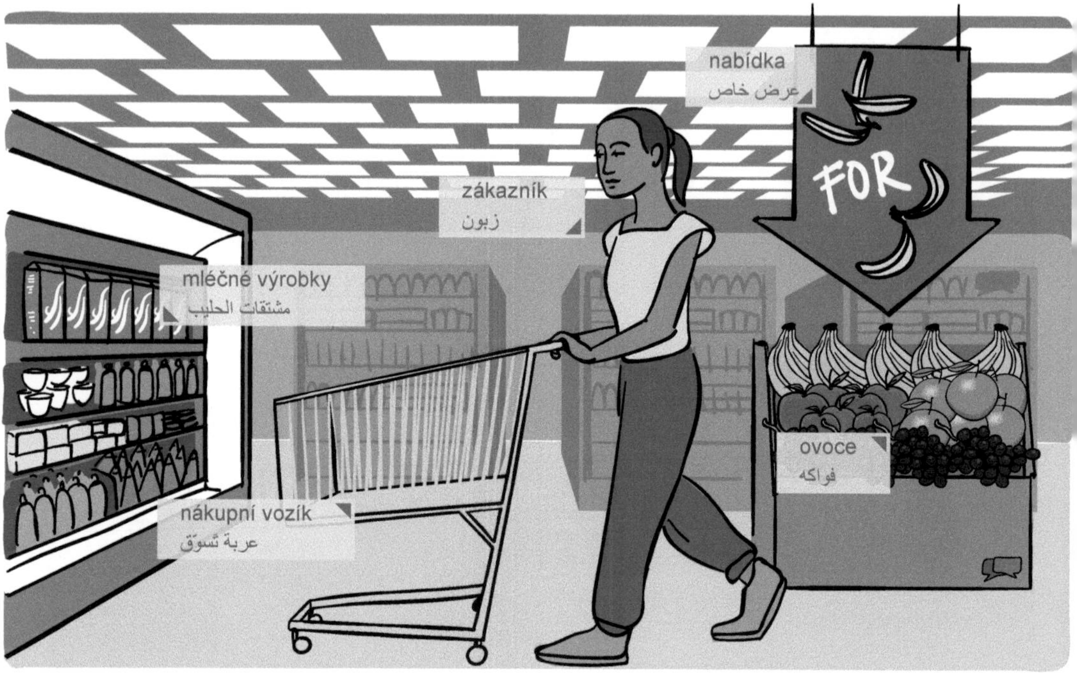

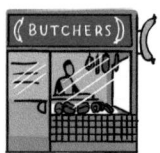

BUTCHERS

masna

جزّار

BAKERY

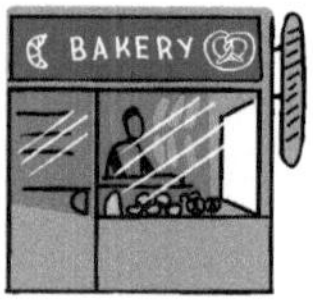

pekařství

مخبز

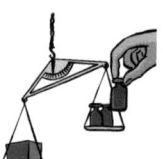

vážit

يزن

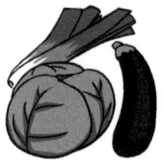

zelenina

خضار

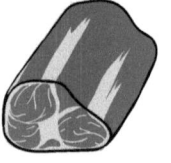

maso

لحم

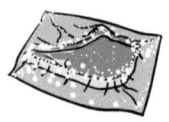

mražené potraviny

المأكولات المجمّدة

obložený talíř

مرتدلا أو جبن

konzervy

معلّبات

prací prášek

مسحوق الغسيل

cukrovinky

حلويات

výrobky pro domácnost

المواد المنزلية

čisticí prostředek

منظّفات

prodavačka

بائعة

pokladna

صندوق الحساب

pokladní

أمين صندوق

nákupní seznam

قائمة المشتريات

otevírací doba

أوقات العمل

peněženka

محفظة النقود

kreditní karta

بطاقة ائتمان

taška

حقيبة

igelitová taška

كيس بلاستيكي

voda

ماء

džus

عصير

mléko

حليب

kola

كولا

víno

نبيذ

pivo

بيرة

alkohol

كحول

kakao

كاكاو

čaj

شاي

káva

قهوة

espresso

قهوة إسبريسو

kapučíno

كابوتشينو

banán

موزة

jablko

تفاح

pomeranč

برتقال

meloun

بطيخ

citrón

ليمون

mrkev

جزرة

česnek

ثوم

bambus

خيزران

cibule

بصل

houba

فطر

ořechy

لوزيات

těstoviny

شعيرية

špageti

سباغيتي

rýže

أرزّ

salát

سلطة

hranolky

بطاطا مقلية

americké brambory

بطاطا مقلية

pizza

بيتزا

hamburger

هامبورغر

sendvič

ساندويش

řízek

شريحة لحم مقليّة

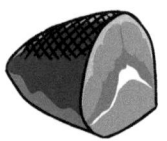

šunka

لحم خنزير

salám

سلامي

salám

سجق

kuře

دجاج

pečeně

لحم محمر

ryby

سمك

ovesné vločky

دقيق الشوفان

müsli

موسلي

vločky

كورن فلكس

mouka

طحين

croissant

كرواسان

houska

خبز صغير

chléb

خبز

toast

خبز محمص

sušenky

بسكويت

máslo

زبدة

tvaroh

لبن زبادي

buchta

كعكة

vejce

بيضة

volské oko

بيض مقلي

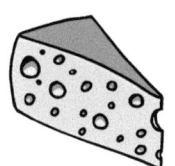

sýr

جبنة

zmrzlina

مثلجات

cukr

سكر

med

عسل

marmeláda

مربّى الفاكهة

nugátový krém

كريم النوغا

kari

الكاري

usedlost

مزرعة

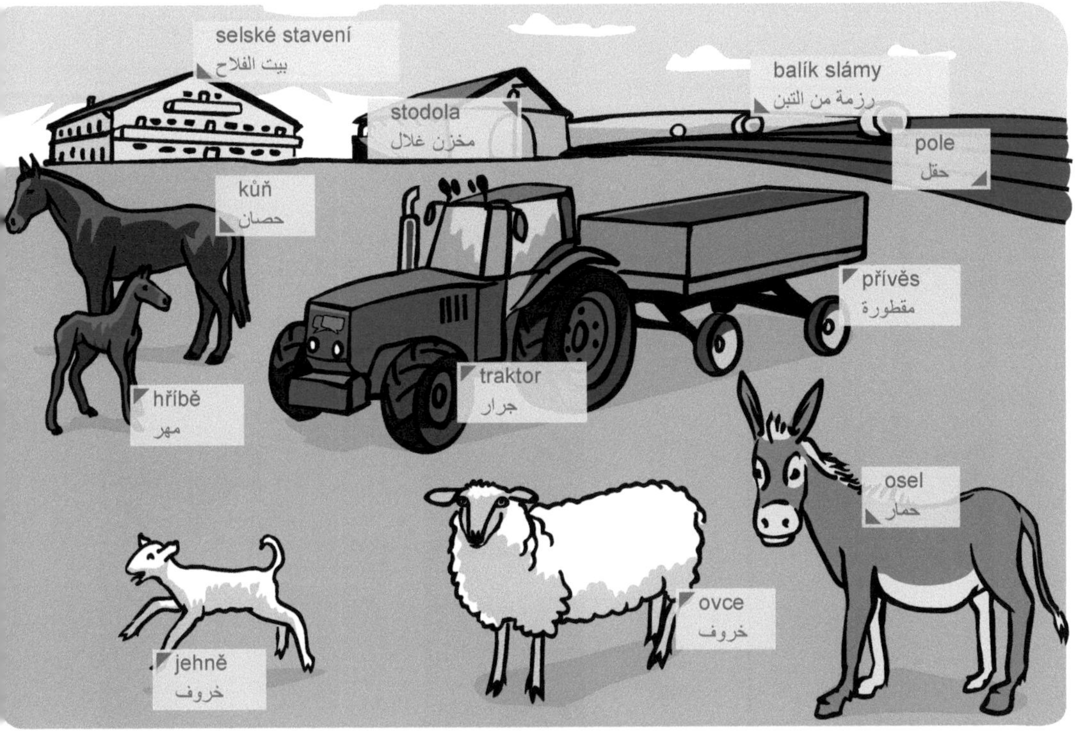

selské stavení
بيت الفلاح
balík slámy
رزمة من التبن
stodola
مخزن غلال
pole
حقل
kůň
حصان
přívěs
مقطورة
traktor
جرار
hříbě
مهر
osel
حمار
ovce
خروف
jehně
خروف

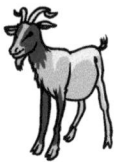

koza

ماعز

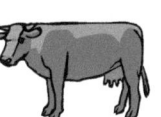

kráva

بقرة

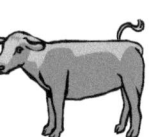

tele

عجل

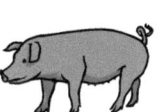

prase

خنزير

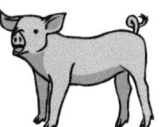

sele

خنزير صغير

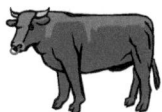

býk

ثور

husa

إوزّة

kachna

بطة

kuře

صوص

slepice

دجاجة

kohout

ديك

krysa

جرذ

kočka

قطة

myš

فأر

vůl

ثور

pes

كلب

psí bouda

كوخ الكلب

zahradní hadice

خرطوم الحديقة

kropicí konev

إبريق

kosa

منجل

pluh

المحراث

srp

منجل

motyka

معزقة

vidle

مذراة الزبل

sekera

بلطة

kolecko

عربة يد

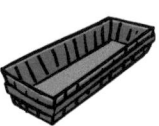

koryto

معلف

konev na mléko

صفيحة الحليب

pytel

كيس

plot

سياج

stáj

اصطبل

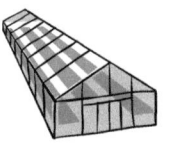

skleník

دفيئة

půda

تربة

osivo

بذور

hnojivo

سماد

kombajn

حصّادة درّاسة

sklidit

يحصد

sklizeň

محصول

smldinec

بطاطا يامس

pšenice

قمح

sója

صويا

brambora

بطاطا

kukuřice

ذرة

řepka

سلجم

ovocný strom

شجرة فاكهة

maniok

نبات منيهوت

obilí

الحبوب

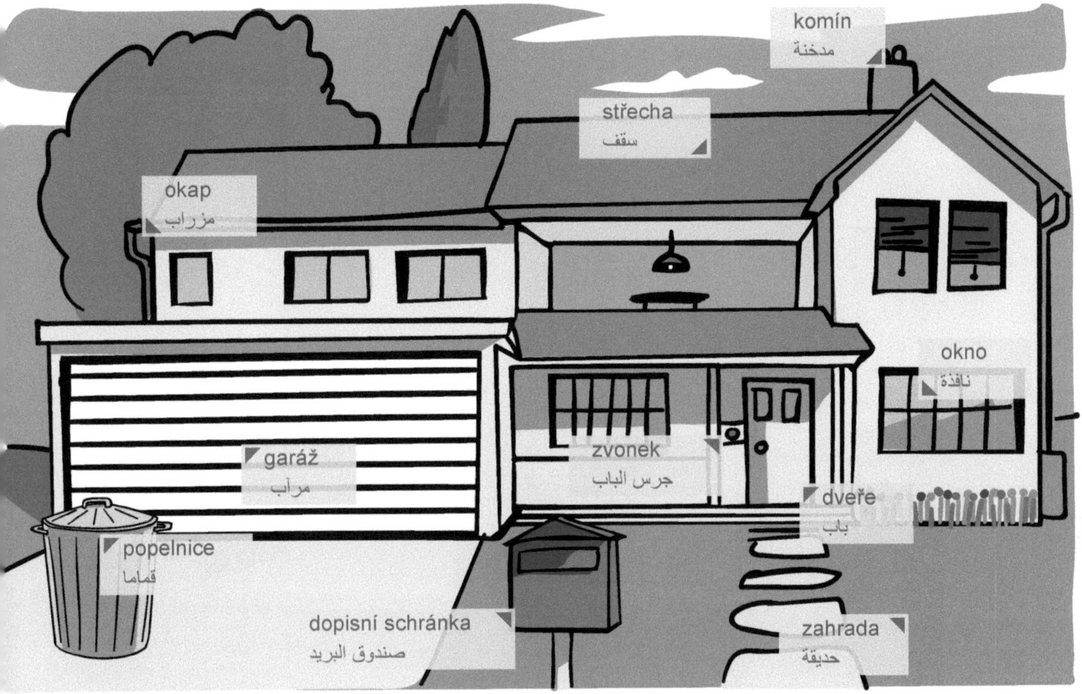

komín
مدخنة

střecha
سقف

okap
مزراب

okno
نافذة

garáž
مرآب

zvonek
جرس الباب

dveře
باب

popelnice
قمامة

dopisní schránka
صندوق البريد

zahrada
حديقة

obývací pokoj

غرفة جلوس

koupelna

الحمّام

kuchyně

مطبخ

ložnice

غرفة النوم

dětský pokoj

غرفة الأطفال

jídelna

غرفة الطعام

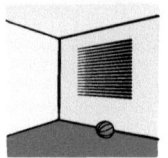

podlaha

أرضية

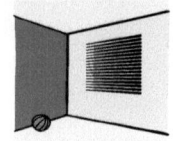

zeď

حائط

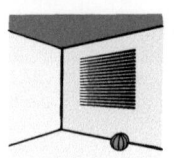

deka

سقف

sklep

قبو

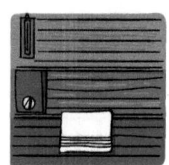

sauna

ساونا

balkón

بلكون

terasa

شرفة

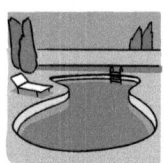

bazén

مسبح

sekačka na trávu

جزازة العشب

ložní prádlo

بياضات السرير

lůžková přikrývka

بطانية

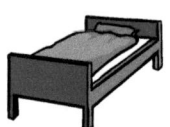

postel

سرير

smeták

مكنسة

kýbl

سطل

vypínač

مفتاح كهرباني

obývací pokoj
غرفة جلوس

tapeta
ورق جدران
obrázek
صورة
žárovka
مصباح كهربائي
police
رف
skříň
خزانة
televizor
تلفزيون
komín
موقد مفتوح
květina
زهرة
polštář
وسادة
gauč
كنبة
váza
مزهرية
dálkový ovladač
تحكم عن بعد

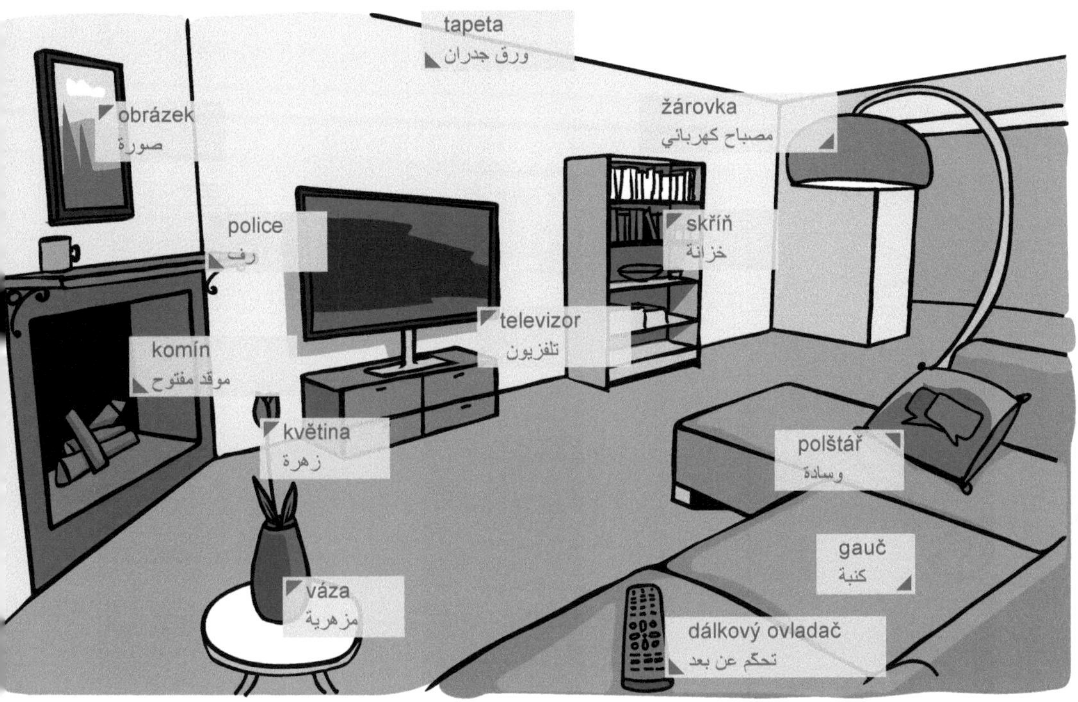

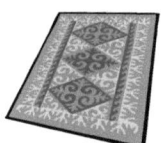

koberec

بساط

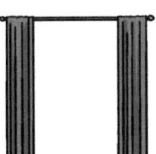

závěs

ستارة

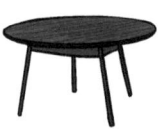

stůl

طاولة

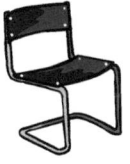

židle

كرسي

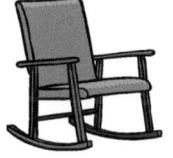

houpací křeslo

كرسي هزّاز

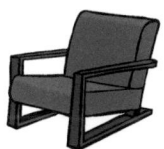

křeslo

كرسي ذو ذراعين

kniha

الكتاب

strop

بطانية

ozdoba

زخرفة

palivové dříví

الحطب

film

فيلم

stereo souprava

تجهيزات ستيريو

klíč

مفتاح

noviny

جريدة

malba

لوحة مرسومة

plakát

مُلصق

rádio

راديو

poznámkový blok

دفتر ملاحظات

vysavač

المكنسة الكهربائية

kaktus

صبّار

svíce

شمعة

kuchyně
مطبخ

chladnička
برّاد
mikrovlnná trouba
ميكروويف
kuchyňská váha
ميزان المطبخ
toustovač
محمصة الخبز
čisticí prostředek
منظفات
trouba
فرن
mraznička
ثلاجة
popelnice
قمامة
myčka nádobí
جلّاية

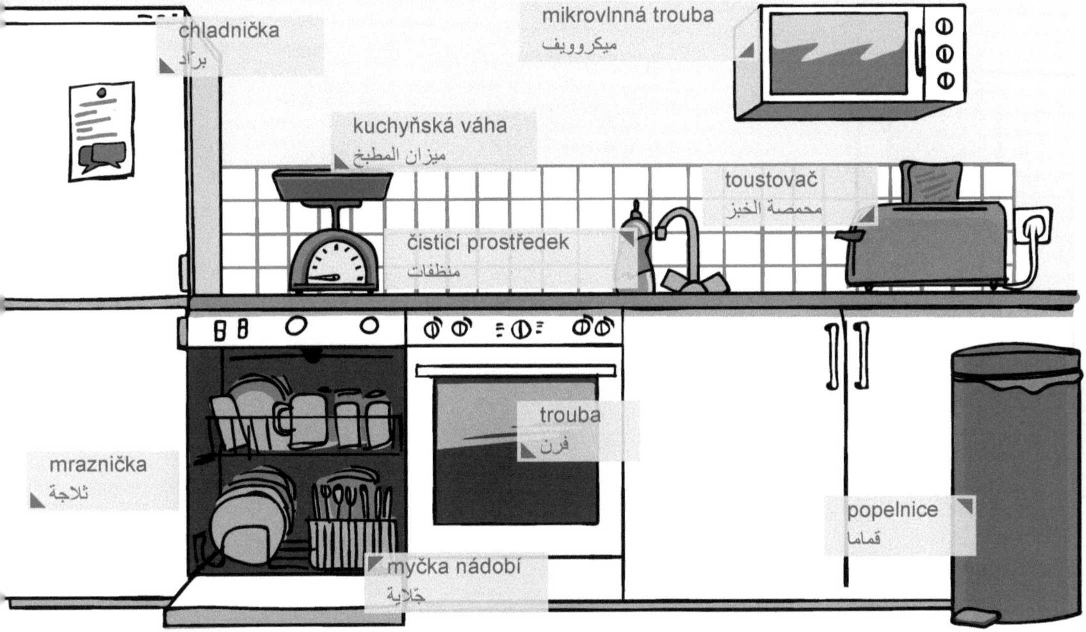

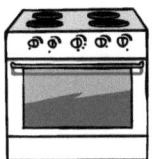

sporák

موقد

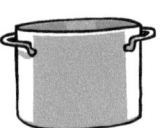

hrnec

قِدر

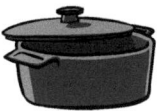

litinový hrnec

وعاء من الحديد

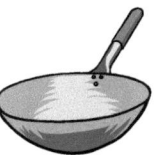

wok / kadai

قدر صيني

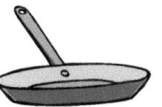

pánev

مقلاة

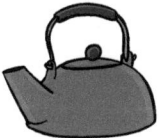

varná konvice

غلاية

parní hrnec

قدر البخار

plech na pečení

صينية

nádobí

أواني

hrnek

فنجان

miska

صحن

jídelní hůlky

عيدان الأكل

naběračka

مغرفة

obracečka

ملعقة منبسطة

metla

خفاقة

síto

مصفاة

cedník

مصفاة

struhadlo

مبشرة

hmoždíř

هاون

gril

شواء

ohniště

موقد

prkénko na krájení

لوح التقطيع

váleček na těsto

نشّابة

vývrtka

مفتاح الزجاجات

dóza

علبة

otvírák na konzervy

مفتاح العلب المعدنية

chňapka

قماش الفرن

umyvadlo

مجلى

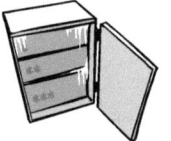

kartáč na nádobí

فرشاة

houba

إسفنج

mixér

خلاط

mrazák

مجمّدة

dětská lahev

زجاجة الطفل

kohoutek

صنبور الماء

koupelna
الحمّام

topení
تدفئة
ručník
منشفة
sprcha
دوش
sprchový závěs
ستارة الدوش
pěnová koupel
حمام رغوة
vana
حوض الحمام
skleníčka
كأس
pračka
غسّالة
kohoutek
صنبور الماء
obkladačky
بلاط
nočník
قفازات مطاطية
umyvadlo
مجلى

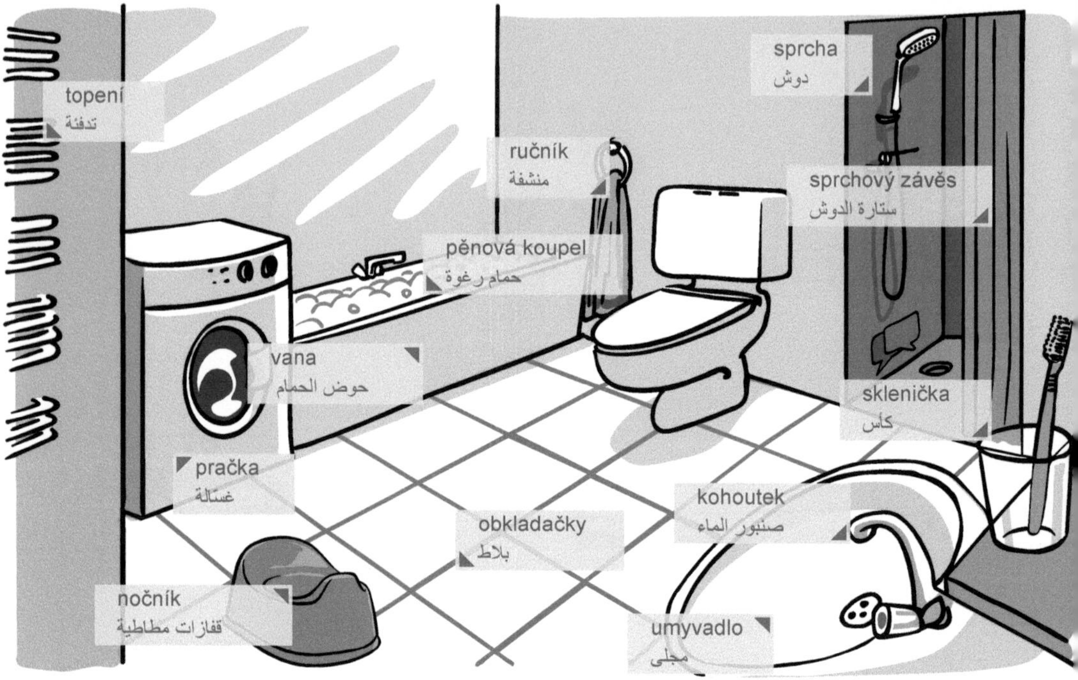

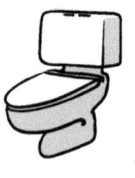

záchod
حمام

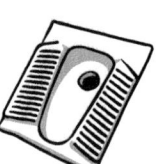

turecký záchod
مرحاض القرفصاء

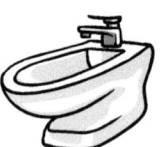

bidet
حوض التشطيف

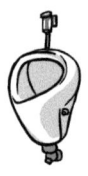

pisoár
مبولة

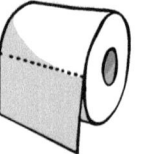

toaletní papír
ورق المرحاض

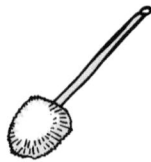

záchodová štětka
فرشاة الحمام

zubní kartáček

....

فرشاة الأسنان

zubní pasta

....

معجون الأسنان

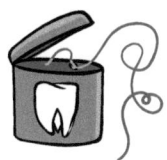

zubní niť

....

خيط حرير لتنظيف الأسنان

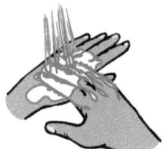

mýt

....

يغسل

ruční sprcha

....

رشاش ماء يدوي

intimní sprcha

....

شطاف

umyvadlo

....

حوض الغسيل

kartáč na záda

....

فرشاة الظهر

mýdlo

....

صابون

sprchový gel

....

جيل الدوش

šampón

....

شامبو

žínka

....

ممسحة

odpad

....

مصرف للماء

krém

....

مرهم

deodorant

....

مزيل الروائح

zrcadlo

مرآة

kosmetické zrcátko

مرآة يد

holicí strojek

موس حلاقة

pěna na holení

رغوة الحلاقة

voda po holení

كولونيا

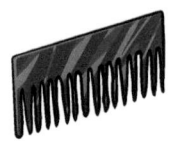

hřeben

مشط

kartáč

فرشاة

fén

سشوار

lak na vlasy

مثبت للشعر

makeup

ماكياج

rtěnka

روج

lak na nehty

طلاء أظافر

vata

قطن

nůžky na nehty

مقص أظافر

parfém

عطر

taška s toaletními potřebami

سلّة الغسيل

stolička

مقعد صغير

váha

ميزان

župan

معطف الحمام

gumové rukavice

قفازات مطاطية

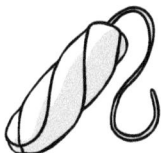

tampón

سدادة قطنية

dámská vložka

منشفة صحية

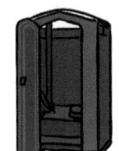

chemická toaleta

تواليت كيميائية

dětský pokoj

غرفة الأطفال

budík
منبّه
plyšová hračka
الحيوانات المحنطة
autíčko
سيارة لعبة
chrastítko
خشخشة
domeček pro panenky
بيت الدمى
dárek
هدية

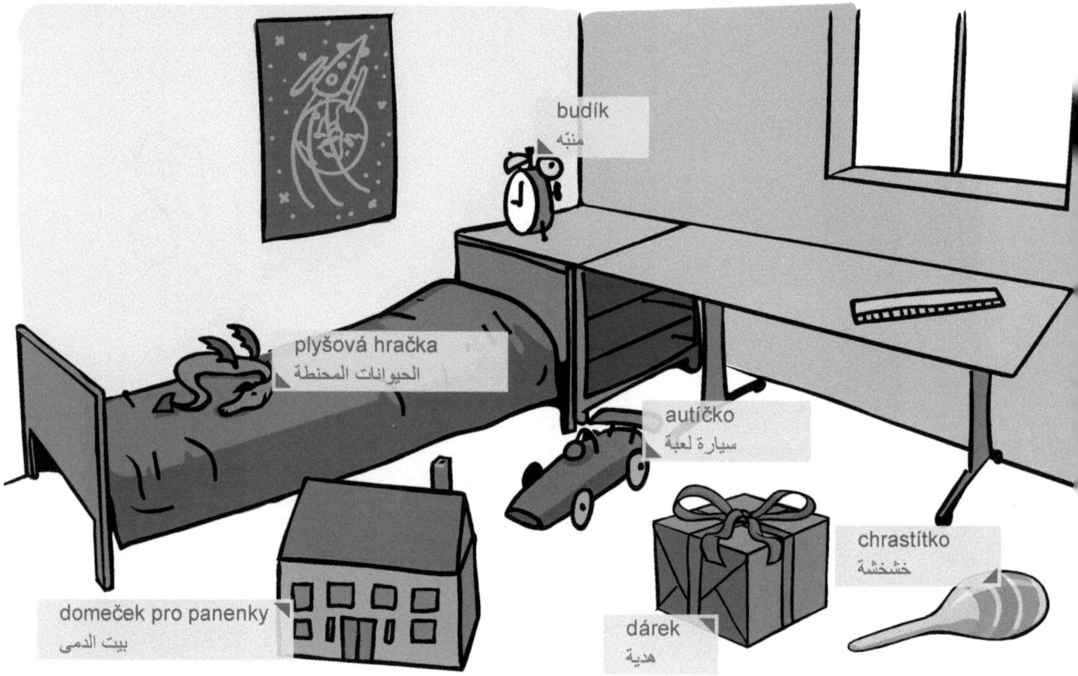

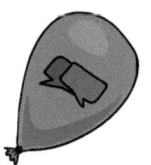

balón

بالون

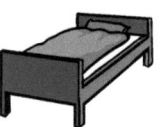

postel

سرير

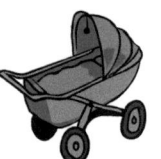

kočárek

عربة الأطفال

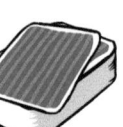

balíček karet

لعبة الورق

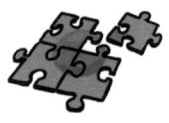

puzzle

أحجية

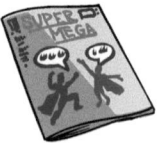

komiks

رسوم هزلية

lego kostky

أحجار الليغو

stavebnice

حجارة تركيب

akční figurka

دمية بطل

dupačky

لباس الطفل

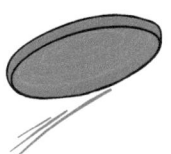

frisbee

فريسبي

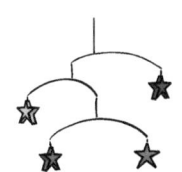

závěsné hračky nad postýlku

دمية معلقة

desková hra

لعبة الطاولة

kostky

لعبة النرد

modelová železnice

لعبة قطار

dudlík

مصّاصة

oslava

حفلة

obrázková kniha

كتاب مصوّر

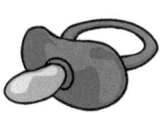

míč

كرة

panenka

دمية

hrát si

يلعب

pískoviště

ملعب رملي للأطفال

houpačka

أرجوحة

hračky

لعبة

hrací konzole

ألعاب فيديو

tříkolka

دراجة ثلاثية

medvídek

دمية على شكل الدب

šatník

خزانة الثياب

oblečení

ثياب

ponožky

جوارب قصيرة

punčochy

جوارب طويلة

punčochové kalhoty

جورب بنطلون

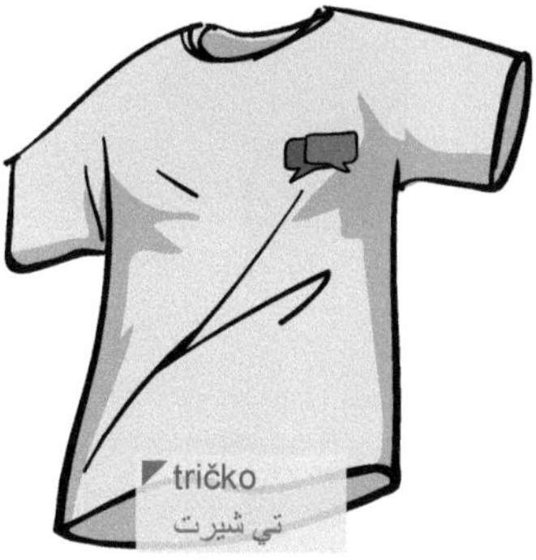

šála
شال

pásek
حزام

deštník
شمسية

tričko
تي شيرت

tenisky
أحذية رياضية

kozačky
حذاء شتوي

domácí obuv
شبشب

sandály
....
صندل

obuv
....
حذاء

holínky
....
جزمة كاوتشوك

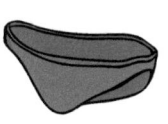

spodní prádlo
....
سروال داخلي

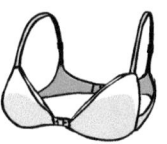

podprsenka
....
صدّارة

nátělník
....
قميص داخلي

body

لباس ملاصق للجسم

kalhoty

بنطلون

džíny

جينز

sukně

تنورة

blůza

بلوزة

košile

قميص

svetr

سترة قطنية

mikina

كنزة كم طويل

blejzr

سترة فضفاضة

bunda

سترة

kabát

معطف

pláštěnka

معطف مطري

kostým

زي - طقم نسائي

šaty

ثوب

svatební šaty

ثوب الزفاف

oblek

طقم

noční košile

قميص نوم

pyžamo

بيجاما

sárí

ساري

šátek na hlavu

حجاب

turban

عمامة

burka

برقع

kaftan

قفطان

abája

عباءة

plavky

مايوه

pánské plavky

سروال سباحة

kraťasy

شرت

teplákové souprava

بدلة رياضية

zástěra

مئزر

rukavice

ققازات

knoflík

زر

brýle

نظّارة

náramek

إسوارة

náhrdelník

عقد

prsten

خاتم

náušnice

قرط

čepice

طاقيّة

ramínko

علاقة ثياب

klobouk

قبّعة

kravata

ربطة العنق

zip

سحّاب

helma

خوذة

kšandy

حمّالة البنطلون

školní uniforma

اللباس المدرسي

uniforma

زي موحّد

bryndák
....
مريلة الأطفال

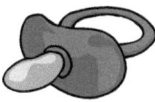

dudlík
....
مصّاصة

plena
....
لفافة

kancelář

مكتب

server
المخدّم

kartotéka
خزانة الملفات

tiskárna
طابعة

monitor
شاشة

papír
ورقة

myš
فأرة

psací stůl
طاولة المكتب

šanon
ملف

klávesnice
لوحة المفاتيح

odpadkový koš na papír
قماما

židle
كرسي

počítač
حاسوب

hrnek na kávu
....
كأس من القهوة

kalkulačka
....
الآلة الحاسبة

internet
....
الإنترنت

notebook

الحاسوب المحمول

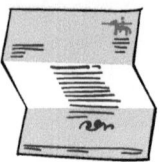

dopis

رسالة

zpráva

خبر

mobil

الهاتف المحمول

síť

شبكة

kopírka

جهاز تصوير

software

البرمجيات

telefon

هاتف

zásuvka

مقبس كهربائي

fax

فاكس

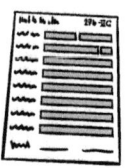

formulář

استمارة

dokument

وثيقة

nakupovat

يشتري

zaplatit

يدفع

jednat

يتاجر

peníze

مال

dolar

دولار

euro

يورو

jen

ين

rubl

روبل

frank

فرنك سويسري

juan

يوان

rupie

روبية

bankomat

صرّاف آلي

směnárna

مكتب صرافة

zlato

ذهب

stříbro

فضة

olej

نفط

energie

طاقة

cena

سعر

smlouva

عقد

daň

ضريبة

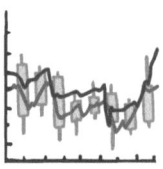

akcie

سهم

pracovat

يعمل

zaměstnanec

موظف

zaměstnavatel

رب العمل

továrna

مصنع

obchod

متجر

povolání
المِهَن

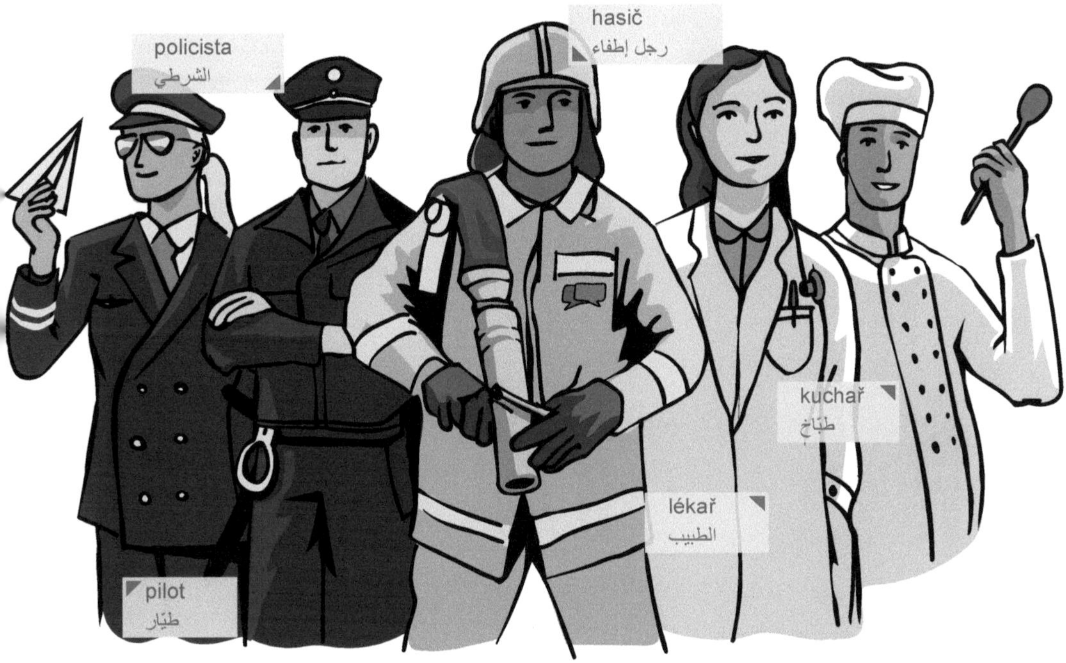
policista
الشرطي
hasič
رجل إطفاء
kuchař
طبّاخ
lékař
الطبيب
pilot
طيّار

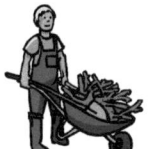

zahradník

بستاني

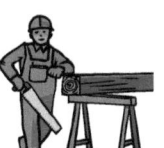

truhlář

نجّار

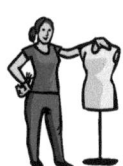

švadlena

خيّاطة

soudce

قاضٍ

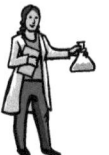

chemik

كيميائي

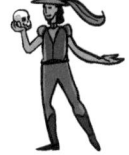

herec

ممثّل

řidič autobusu

سائق حافلة

řidič taxi

سائق تاكسي

rybář

صياد سمك

uklízečka

أجيرة للتنظيف

pokrývač

بنّاء سقف

číšník

نادل

myslivec

صيّاد

malíř

رسّام

pekař

خباز

elektrikář

كهربائي

stavební dělník

عامل بناء

inženýr

مهندس

řezník

لحّام

klempíř

سمكري

listonoš

ساعي البريد

voják

جندي

architekt

مهندس معماري

pokladní

أمين صندوق

florista

بائع الزهور

kadeřník

حلاق

průvodčí

مراقب القطار

mechanik

ميكانيكي

kapitán

قبطان

zubař

طبيب أسنان

vědec

رجل العلم

rabín

حاخام

imám

إمام

mnich

راهب

duchovní

كاهن

nářadí
عدة عمل

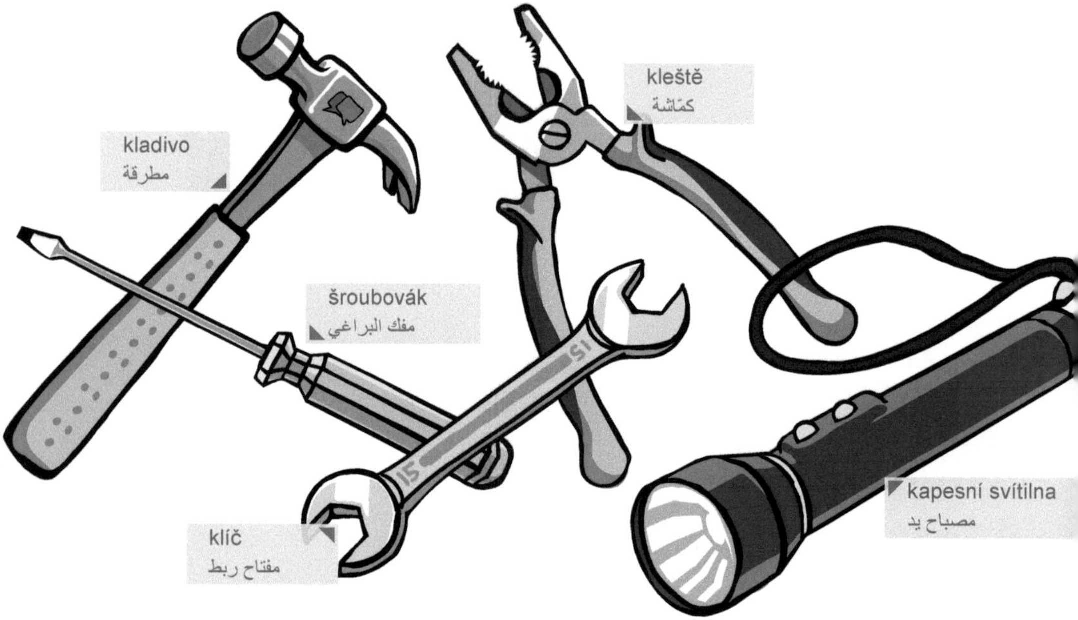
kladivo
مطرقة
kleště
كمّاشة
šroubovák
مفك البراغي
klíč
مفتاح ربط
kapesní svítilna
مصباح يد

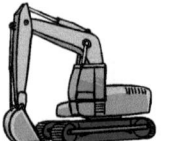

bagr
جرافة

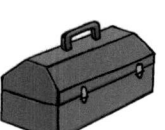

skříň na nářadí
صندوق العدة

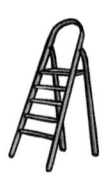

žebřík
سلّم

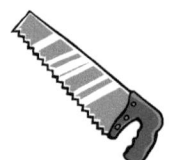

pila
منشار

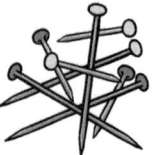

hřebíky
مسامير

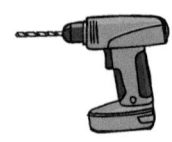

vrtačka
مثقب

opravit

يصلح

lopata

مجرفة

Kurva!

اللعنة

lopatka

لقاطة الكناسة

vědroé na barvu

سطل الألوان

šrouby

براغي

hudební nástroje

آلات موسيقية

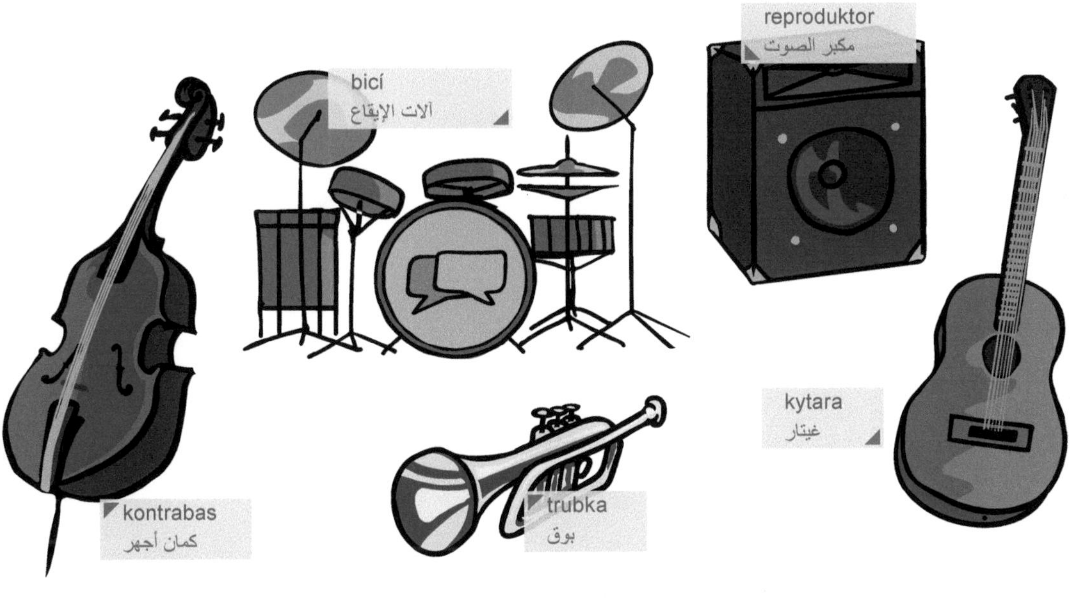

reproduktor

مكبر الصوت

bicí

آلات الإيقاع

kontrabas

كمان أجهر

trubka

بوق

kytara

غيتار

klavír

بيانو

housle

كمنجة

basa

جهير

tympán

طبل كبير

bubny

طبل

keyboard

بيانو كهربائي

saxofon

ساكسوفون

flétna

ناي

mikrofon

ميكروفون

ZOO
حديقة حيوانات

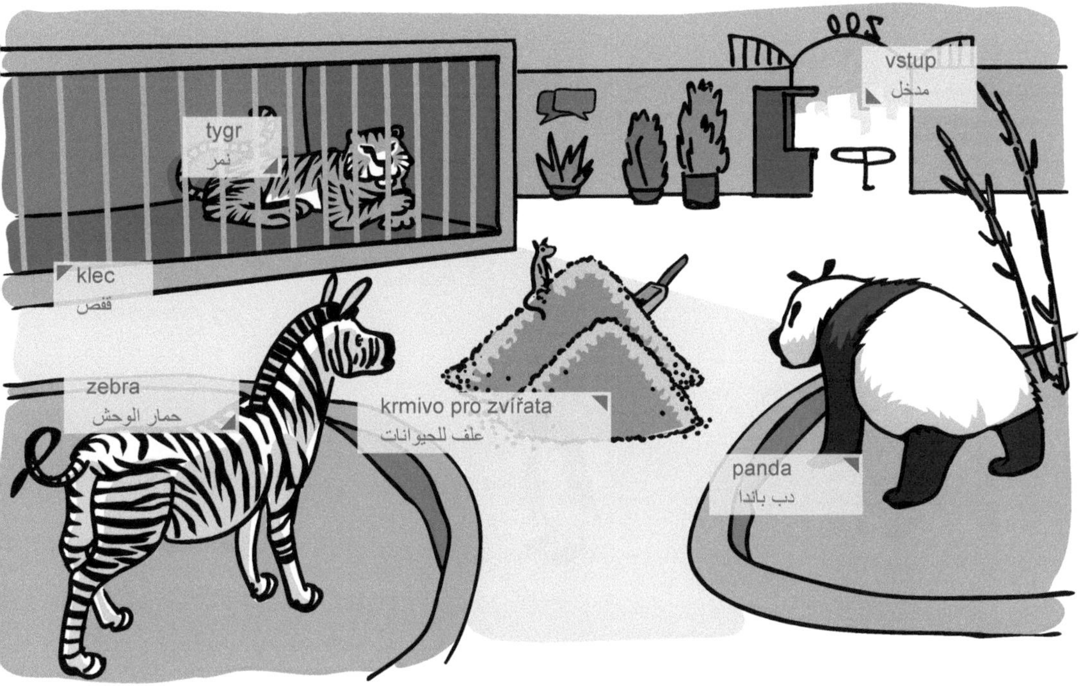
vstup
مدخل
tygr
نمر
klec
قفص
zebra
حمار الوحش
krmivo pro zvířata
علف للحيوانات
panda
دب باندا

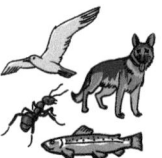

zvířata

حيوانات

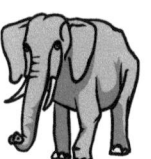

slon

فيل

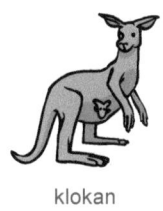

klokan

كنغر

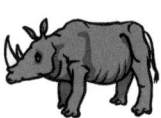

nosorožec

وحيد القرن

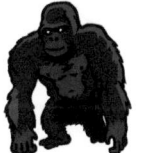

gorila

غوريلا

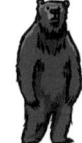

medvěd

دب

velbloud

جمل

pštros

نعامة

lev

أسد

opice

قرد

plameňák

طائر فلامينغو

papoušek

ببغاء

lední medvěd

دب قطبي

tučňák

بطريق

žralok

سمك القرش

páv

طاووس

had

أفعى

krokodýl

تمساح

ošetřovatel zvířat

حارس في حديقة الحيوان

tuleň

عجل البحر

jaguár

نمر أمريكي مرقط

poník

فرس قزم

leopard

نمر

hroch

فرس النهر

žirafa

زرافة

orel

نسر

divoké prase

خنزير برّي

ryby

سمك

želva

سلحفاة

mrož

حيوان فظ البحري

liška

ثعلب

gazela

غزال

americký fotbal
كرة القدم الأمريكية

cyklistika
ركوب الدراجات

tenis
كرة التنس

košíková
كرة السلة

plavání
السباحة

box
الملاكمة

lední hokej
هوكي الجليد

kopaná

كرة القدم

badminton

الريشة الطائرة

lehká atletika

ألعاب القوى الخفيفة

házená

كرة اليد

běh na lyžích

التزلج على الثلج

vodní pólo

بولو

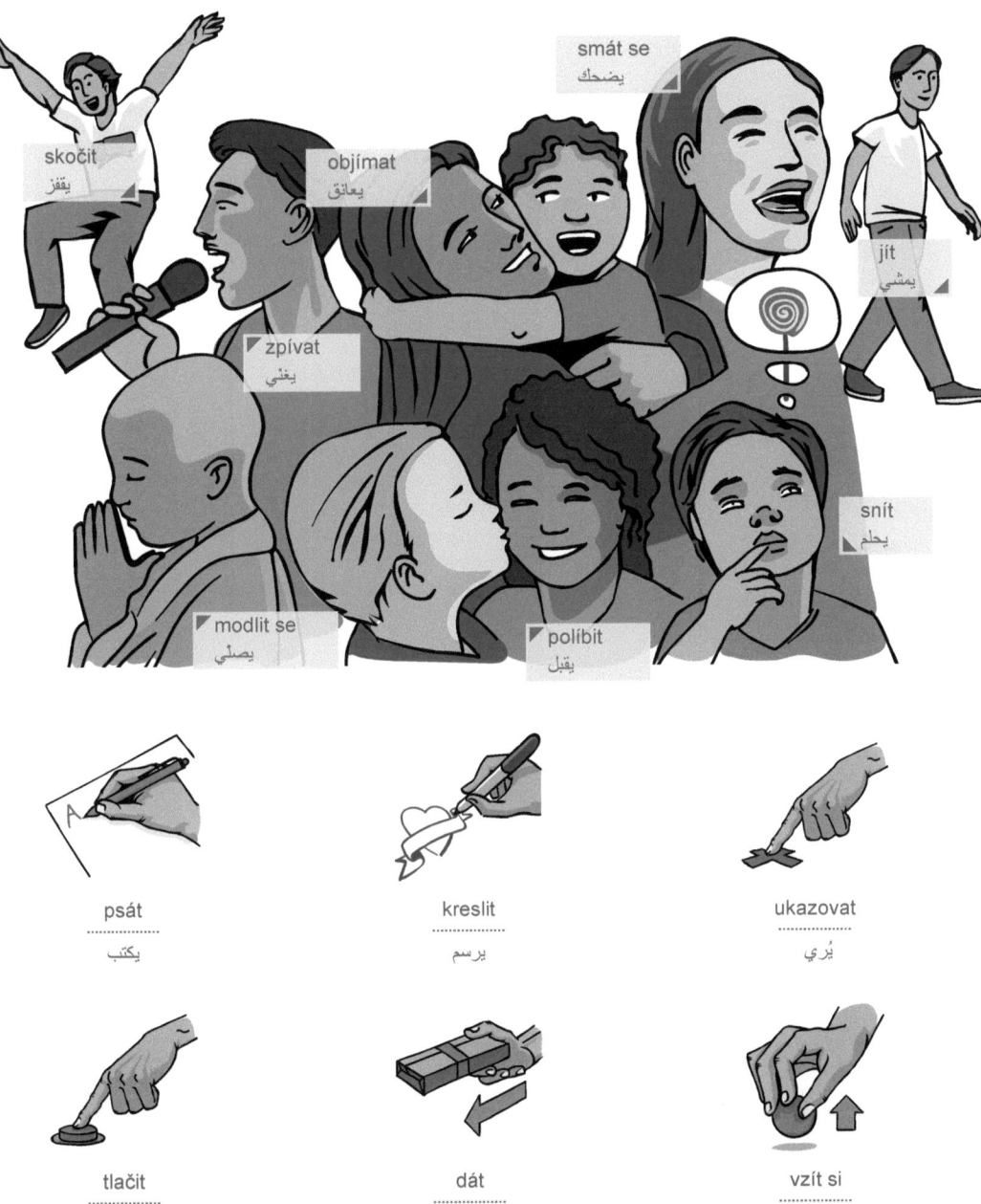

smát se
يضحك

skočit
يقفز

objímat
يعانق

jít
يمشي

zpívat
يغني

snít
يحلم

modlit se
يصلّي

políbit
يقبّل

psát

يكتب

kreslit

يرسم

ukazovat

يُري

tlačit

يدفع

dát

يعطي

vzít si

يأخذ

mít

يملك

dělat

يعمل

být

يوجد

stát

يقف

běhat

يركض

táhnout

يسحب

hodit

يرمي

padat

يقع

ležet

يستلقي

čekat

ينتظر

nosit

يحمل

sedět

يجلس

oblékat

يلبس

spát

ينام

vzbudit se

يستيقظ

prohlédnout si

ينظر إلى ..

plakat

يبكي

pohladit

يمسّد

česat

يمشّط

hovořit

يتكلم

rozumět

يفهم

ptát se

يسأل

slyšet

يسمع

pít

يشْرب

jíst

ياكل

uklidit

يرتب

milovat

يحب

vařit

يطبخ

jet

يقود

letět

يطير

plachtit

يبحر بزورق شراعي

počítat

يحسب

číst

يقرأ

učit se

يتعلم

pracovat

يعمل

vzít si

يتزوج

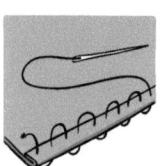

šít

يخيط

čistit si zuby

ينظف أسنانه

zabít

يقتل

kouřit

يدخّن

poslat

يرسل

babička
جدّة

dědeček
جدّ

otec
أب

matka
أم

dítě
الطفل

dcera
ابنة

syn
ابن

host

ضيف

teta

عمّة / خالة

strýc

عمّ / خال

bratr

أخ

sestra

أخت

tělo

الجسم

čelo
الجبين
oko
العين
rameno
الكتف
prst
الإصبع
obličej
الوجه
brada
الذقن
ruka
اليد
dolní končetina
الساق
hruď
الصدر
paže
الذراع

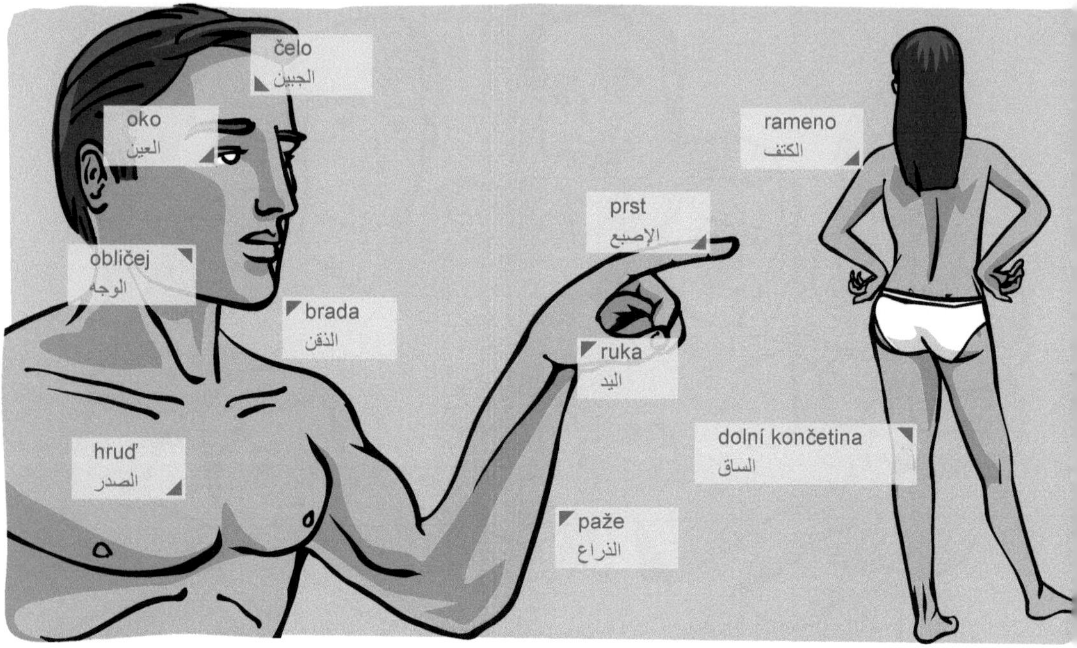

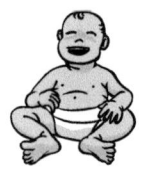

dítě

الطفل

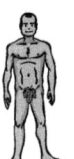

muž

الرجل

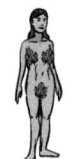

žena

المرأة

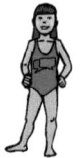

dívka

البنت

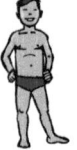

chlapec

الولد

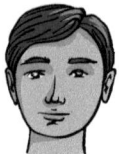

hlava

الرأس

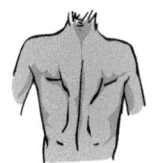

záda

الظهر

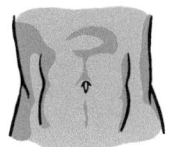

břicho

البطن

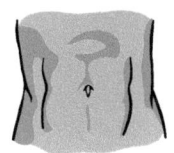

pupík

السرّة

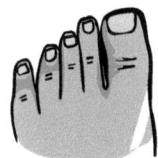

prst na noze

إصبع القدم

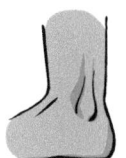

pata

الكعب

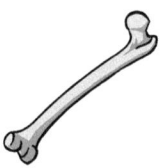

kost

العظم

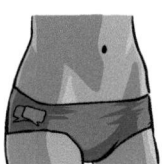

bok

الورك

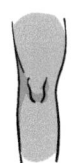

koleno

الركبة

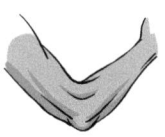

loket

المرفق

nos

الأنف

zadek

العَجُز

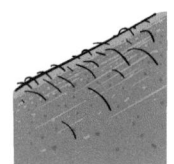

kůže

البشرة

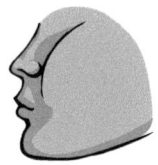

tvář

الخد

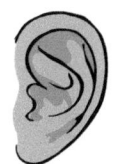

ucho

الأذن

ret

الشفة

ústa

الفم

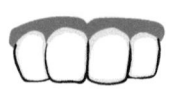

zub

السن

jazyk

اللسان

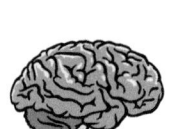

mozek

الدماغ

srdce

القلب

sval

العضلة

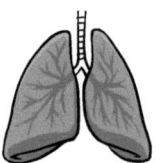

plíce

الرئة

játra

الكبد

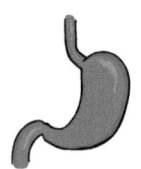

žaludek

المعدة

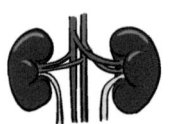

ledviny

الكلى

pohlavní styk

الاتصال الجنسي

kondom

الواقي المطاطي

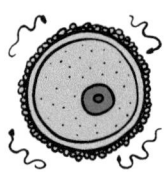

vajíčko

البويضة

sperma

المنيّ

těhotenství

الحمل

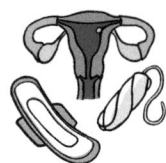

menstruace
الحيض

vagina
المهبل

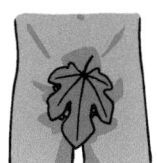

penis
القضيب

obočí
الحاجب

vlasy
الشعر

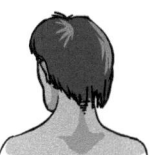

krk
الرقبة

nemocnice
المستشفى

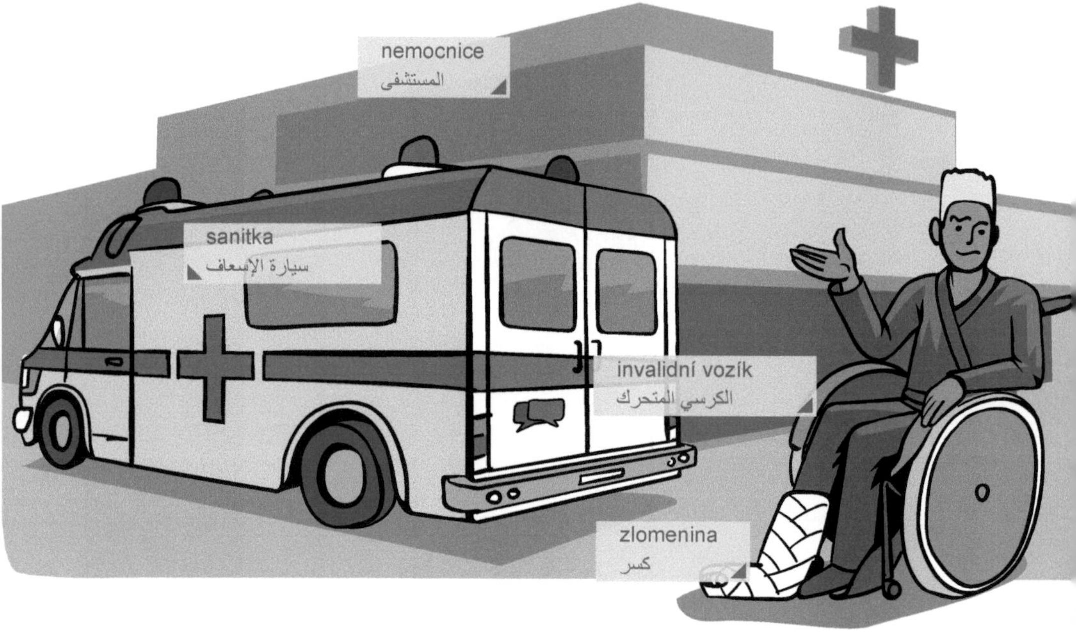

nemocnice
المستشفى
sanitka
سيارة الإسعاف
invalidní vozík
الكرسي المتحرك
zlomenina
كسر

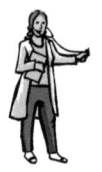

lékař

الطبيب

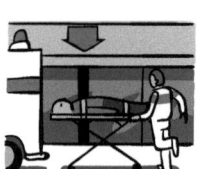

pohotovost

غرفة الإسعاف

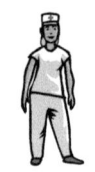

zdravotní sestra

الممرضة

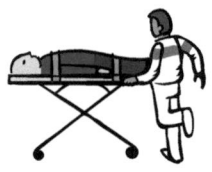

urgentní případ

حالة

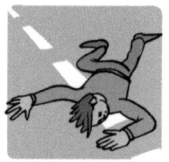

v bezvědomí

مغمى عليه

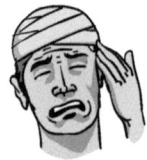

bolest

الألم

úraz

إصابة

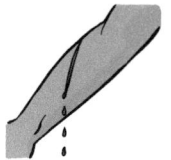

krvácení

النزيف

infarkt myokardu

احتشاء القلب

cévní mozková příhoda

جلطة

alergie

حسسية

kašel

السعال

horečka

الحُمَّى

chřipka

إنفلونزا

průjem

الإسهال

bolest hlavy

وجع الرأس

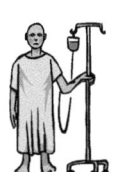

rakovina

السرطان

cukrovka

مرض السكر

chirurg

جرّاح

skalpel

مبضع

operace

عملية

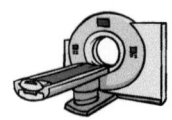

CT

سيتي سكان

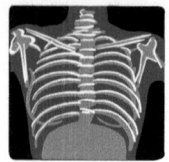

rentgen

الأشعة السينية

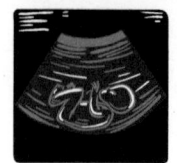

ultrazvuk

فوق الصوتي

maska

القناع

nemoc

المرض

čekárna

غرفة الانتظار

berle

العُكّاز

náplast

شريط لاصق

obvaz

ضماد

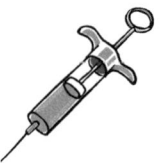

injekce

حقنة

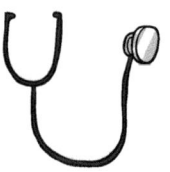

stetoskop

سمّاعة الطبيب

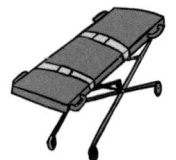

nosítka

نقالة

teploměr

ميزان حرارة

porod

ولادة

nadváha

وزن زائد

naslouchátko

جهاز السمع

dezinfekční prostředek

المواد المعقمة

infekce

عدوى

virus

فيروس

HIV / AIDS

الإيدز

lékařství

الطب

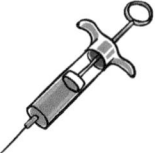

očkování

اللقاح

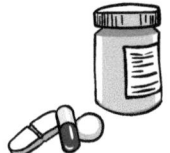

tablety

أقراص الدواء

pilulka

حبّة الدواء

tísňové volání

نداء النجدة

tonometr

مقياس ضغط الدم

nemocný / zdravý

مريض / صحيح

Pomoc!

النجدة!

poplach

إنذار

přepadení

اعتداء

napadení

هجوم

nebezpečí

خطر

nouzový východ

مخرج طوارئ

Hoří!

حريق!

hasicí přístroj

جهاز الإطفاء

nehoda

حادث

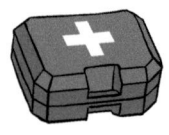

zdravotnická brašna

حقيبة الإسعاف الأولي

SOS

أنقذونا

policie

الشرطة

Evropa

أوروبا

Severní Amerika

أمريكا الشمالية

Jižní Amerika

أمريكا الجنوبية

Afrika

أفريقيا

Asie

آسيا

Austrálie

أستراليا

Atlantik

المحيط الأطلسي

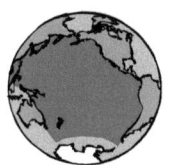

Pacifik

المحيط الهادي

Indický oceán

المحيط الهندي

Jižní ledový oceán

المحيط المتجمد الجنوبي

Severní ledový oceán

المحيط المتجمد الشمالي

severní pól

القطب الشمالي

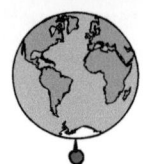

jižní pól

القطب الجنوبي

Antarktida

منطقة القطب الجنوبي

země

أرض

pevnina

بر

moře

بحر

ostrov

جزيرة

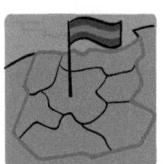

národ

أمة

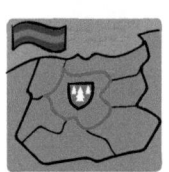

stát

دولة

ciferník

ميناء الساعة

hodinová ručička

عقرب الساعات

minutová ručička

عقرب الدقائق

vteřinová ručička

عقرب الثواني

Kolik je hodin?

كم الساعة الآن؟

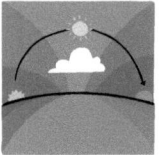

den

يوم

čas

زمن

teď

الآن

digitální hodinky

ساعة رقمية

minuta

دقيقة

hodina

ساعة

týden
أسبوع

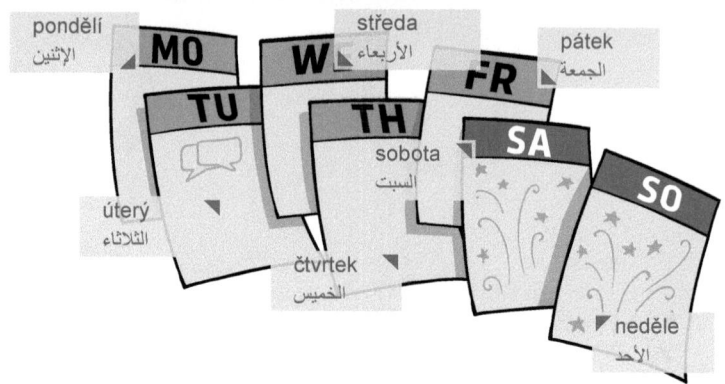

pondělí
الإثنين

středa
الأربعاء

pátek
الجمعة

úterý
الثلاثاء

čtvrtek
الخميس

sobota
السبت

neděle
الأحد

včera

الأمس

dnes

اليوم

zítra

غداً

ráno

الصباح

poledne

الظهر

večer

المساء

pracovní dny

أيام العمل

víkend

نهاية الأسبوع

rok
سنة

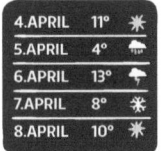

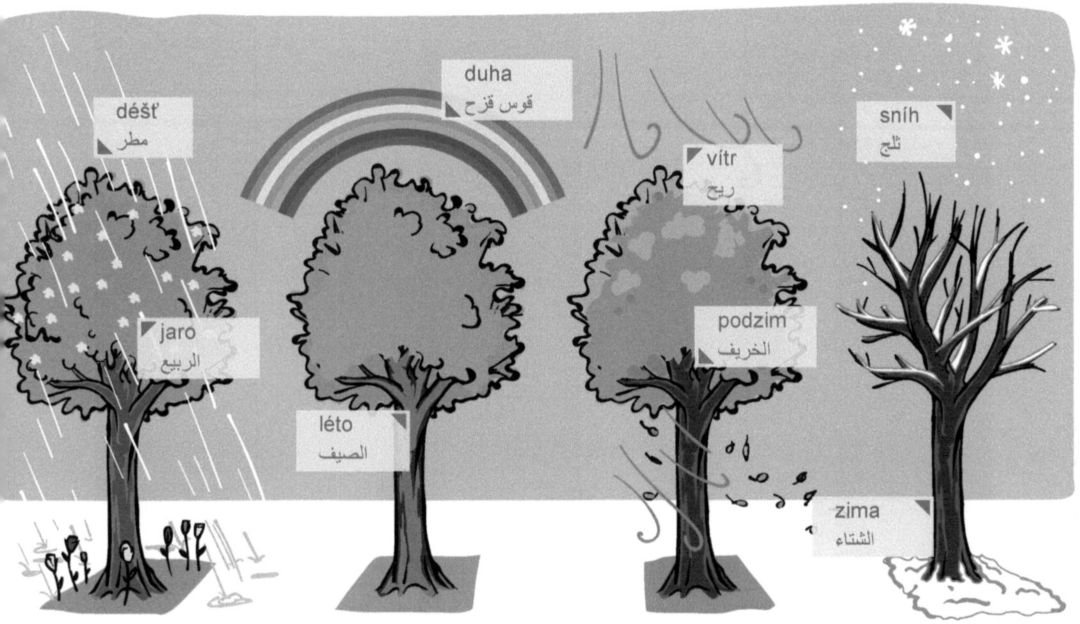

duha
قوس قزح
déšť
مطر
vítr
ريح
sníh
ثلج
jaro
الربيع
podzim
الخريف
léto
الصيف
zima
الشتاء

4.APRIL 11°
5.APRIL 4°
6.APRIL 13°
7.APRIL 8°
8.APRIL 10°

předpověď počasí

التنبؤ بالحالة الجوية

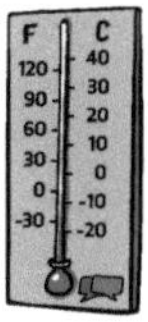

F
C
120
90
60
30
0
-30
40
30
20
10
0
-10
-20

teploměr

مقياس حرارة

sluneční svit

ضوء الشمس

mrak

سحابة

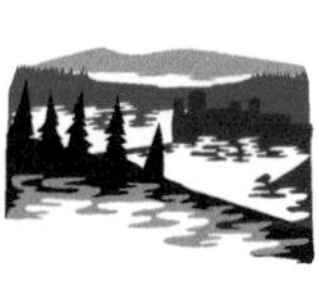

mlha

ضباب

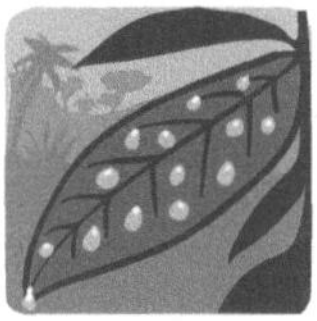

vlhkost

رطوبة الجو

blesk

برق

hrom

رعد

bouřka

عاصفة

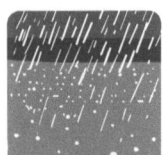

kroupy

بَرَد

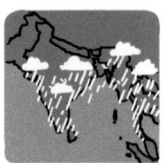

monzun

ريح موسمية

povodeň

طوفان

led

جليد

leden

كانون الثاني / يناير

únor

شباط / فبراير

březen

آذار / مارس

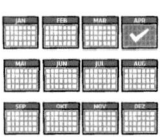

duben

نيسان / أبريل

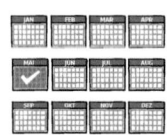

květen

أيار / مايو

červen

حزيران / يونيو

červenec

تموز / يوليو

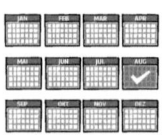

srpen

آب / أغسطس

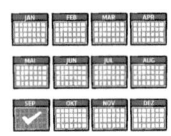

zàří

أيلول / سبتمبر

řijen

تشرين الأول / أكتوبر

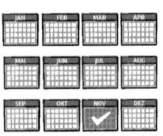

listopad

تشرين الثاني / نوفمبر

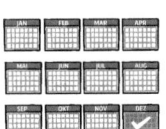

prosinec

كانون الأول / ديسمبر

tvary

أشكال

kruh

دائرة

čtverec

مربّع

obdélník

مستطيل

trojúhelník

مثلث

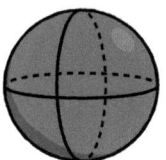

koule

كرة

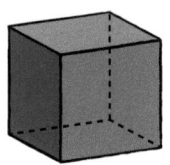

krychle

مكعب

bílá

أبيض

žlutá

أصفر

oranžová

برتقالي

růžová

وردي

červená

أحمر

fialová

بنفسجي

modrá

ازرق

zelená

أخضر

hnědá

بني

šedá

رمادي

černá

أسود

hodně / málo

كثير / قليل

rozzuřený / mírumilovný

غضبان / هادئ

krásný / ošklivý

جميل / قبيح

začátek / konec

بداية / نهاية

velký / malý

كبير / صغير

světlý / tmavý

فاتح / قاتم

bratr / sestra

أخ / أخت

čistý / špinavý

نظيف / وسخ

úplný / neúplný

كامل / ناقص

den / noc

نهار / ليل

mrtvý / živý

ميت / حيّ

široký / úzký

عريض / ضيّق

jedlý / nejedlý

صالح للأكل / غير صالح

zlý / hodný

شرّير / لطيف

vzrušený / znuděný

مثير / ممل

tlustý / hubený

سمين / نحيف

nejdříve / naposledy

أولاً / أخيراً

přítel / nepřítel

صديق / عدو

plný / prázdný

مليء / فارغ

tvrdý / měkký

صلب / ليّن

těžký / lehký

ثقيل / خفيف

hlad / žízeň

جوع / عطش

nemocný / zdravý

مريض / صحيح

ilegální / legální

غير شرعي / شرعي

inteligentní / hloupý

ذكي / غبي

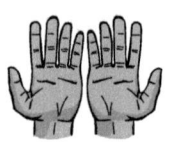

vlevo / vpravo

يسار / يمين

blízko / daleko

قريب / بعيد

nový / použitý

جديد / مستعمل

nic / něco

لا شيء / بعض الشيء

starý / mladý

مسن / شاب

zapnutý / vypnutý

يشغل / يطفئ

otevřeno / zavřeno

مفتوح / مغلق

tichý / hlasitý

خافت / عالٍ

bohatý / chudý

غني / فقير

správný / špatný

صح / خطأ

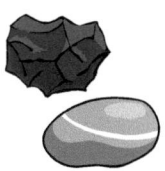

drsný / hladký

أحرش / املس

smutný / šťastný

حزين / سعيد

krátký / dlouhý

قصير / طويل

pomalý / rychlý

بطيء / سريع

vlhký / suchý

مبلول / جاف

teplý / chladný

ساخن / بارد

válka / mír

حرب / سلم

0

nula

صفر

1

jedna

واحد

2

dva

اثنان

3

tři

ثلاثة

4

čtyři

أربعة

5

pět

خمسة

6

šest

ستة

7

sedm

سبعة

8

osm

ثمانية

9

devět

تسعة

10

deset

عشرة

11

jedenáct

أحد عشر

12

dvanáct

اثنا عشر

13

třináct

ثلاثة عشر

14

čtrnáct

أربعة عشر

15

patnáct

خمسة عشر

16

šestnáct

ستة عشر

17

sedmnáct

سبعة عشر

18

osmnáct

ثمانية عشر

19

devatenáct

تسعة عشر

20

dvacet

عشرون

100

sto

مائة

1.000

tisíc

ألف

1.000.000

milion

مليون

angličtina

الإنكليزية

americká angličtina

الإنكليزية الأمريكية

standardní čínština

لغة ماندارين الصينية

hindština

الهندية

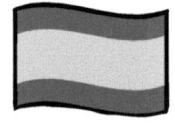

španělština

الإسبانية

francouzština

الفرنسية

arabština

العربية

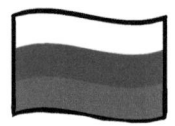

ruština

الروسية

portugalština

البرتغالية

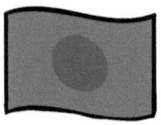

bengálština

البنغالية

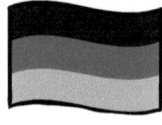

němčina

الألمانية

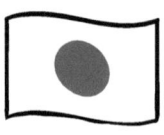

japonština

اليابانية

já

أنا

ty

أنت

on / ona / ono

هو / هي

my

نحن

vy

أنتم

oni

هم

Kdo?

من؟

Co?

ماذا؟

Jak?

كيف؟

Kde?

أين؟

Kdy?

متى؟

jméno

اسم

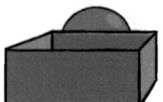

za

خلف

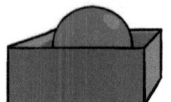

do

في

z

أمام

nad

فوق

na

على

mezi

تحت

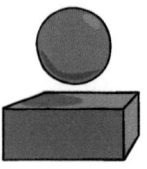

vedle

جنب

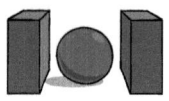

mezi

بين

místo

مكان